AF245733

COMPTE

DES DÉPENSES

DE LA

CHEVALERIE DE ROBERT,

COMTE D'ARTOIS,

A COMPIÈGNE, EN JUIN 1237,

Par M. PEIGNÉ-DELACOURT,

Membre titulaire non résidant de la Société des Antiquaires de Picardie.

AMIENS.

Imprimerie de DUVAL et HERMENT, place Périgord, 5.

1855.

COMPTE

DES DÉPENSES

DE LA

CHEVALERIE DE ROBERT,

COMTE D'ARTOIS,

A COMPIÈGNE, EN JUIN 1237,

Par **M. PEIGNÉ-DELACOURT**,

Membre titulaire non résidant de la Société des Antiquaires de Picardie.

AMIENS,

Imprimerie de DUVAL et HERMENT, place Périgord, 5.

—

1853.

COMPTE

DES DÉPENSES DE LA CHEVALERIE DE ROBERT,

COMTE D'ARTOIS,

à Compiègne, en juin 1237.

Ce document, écrit sur un rouleau de parchemin dont
quelques mots seulement ont disparu par suite d'une dé-
chirure, fait partie des manuscrits de la collection de
Baluze, conservée à la Bibliothèque impériale.

Au fac simile exact, j'ai joint la copie et une traduc-
tion aussi littérale que possible, du latin en français,
ajoutant quelques notes à propos de certains noms de
personnes, et de choses qui m'ont paru mériter explication, ou devoir être l'objet de critique ou de doute.

En pareille matière, chaque mot, pour ainsi dire, pourrait fournir des notes et des observations philologiques ;
je me suis borné à celles qui ressortaient plus spéciale-

ment du sujet, en y comprenant quelques détails his-
toriques.

On trouvera dans les traités spéciaux de chevalerie, dans
Favyn, Lacurne Saint-Palaye, Du Cange, Ménétrier, etc.,
les détails concernant les droits et devoirs, charges et bé-
néfices attachés à cette honorable distinction ; il était inutile de les résumer ici. Dernièrement la Bibliothèque de
l'école de Chartes a publié un travail de M. E. Boutaric
relatif à un compte des dépenses de la chevalerie d'Alphonse, comte de Poitiers, et de la fête ou cour plenière
tenue à cette occasion, fête si brillante qu'on la nomma
la *Sans pareille* (juin 1241). On pourra puiser dans ce travail dont j'ai adopté les évaluations monétaires, divers
renseignements précieux. Les publications récentes de M.
Douet d'Arcq sur les comptes des argentiers des rois, et
de M. Francisque Michel sur les étoffes au moyen-âge,
seront égalementconsultées avec fruit.

Le roi saint Louis pourvut avec largesse aux frais con-
sidérables qu'entraînèrent les solennités des fêtes qui ac-
compagnèrent la réception des chevaliers qui fait l'objet
de cette notice. En comptant chaque denier parisis pour
0 fr. 093, chaque sol parisis pour 1 fr. 1237, chaque
livre pour 22 fr. 4704, les 9,452 l. 13 s. 5 deniers
formant l'ensemble du compte, donnent un total de
212,575 l., qui multiplié par cinq, pour différence de
la valeur de l'argent à notre époque comparée à celle de
l'an 1237, monte à 1,062,875 francs.

Les chevaliers adeptes (*novi milites*), qui furent re-
çus, étaient au nombre de cent cinquante ; à leur tête
figurait le frère puîné du roi, Robert, prince vif et ar-

dent, à peine âgé de vingt-et-un ans. Sa querelle avec le comte de Champagne, le trouvère amoureux un peu suranné de la reine Blanche, avait déjà laissé voir le caractère impétueux auquel il dut ensuite une fin prématurée et glorieuse. Engagé par son courage à la poursuite imprudente de l'ennemi, il périt à peine âgé de trente-trois ans, à la bataille de la Massoure, le 9 février 1249, laissant le surnom de *le bon et le vaillant*.

Plusieurs circonstances concoururent à donner un grand éclat à la cour plenière qui fut tenue à Compiègne en 1237.

On célébrait les noces de Robert d'Artois avec Mahaut (Matilde), fille de Henri II, duc de Brabant et de Lorraine, et de Marie de Souabe.

Les grandes chroniques de Saint-Denis rapportent que quand le duc entendit les messages qui lui *requirent sa fille de par le roy de France, si en fut moult lie, et la leur octroya volontiers*.

La France, clergé, nobles et peuple, confiante en l'avenir, espérant un règne de longue durée, sachant son roi bon et religieux, en était à l'un de ces moments de la vie des nations où la tranquillité et le bonheur de tous éclatent en un vif entrainement vers les plaisirs.

Depuis l'année 1203, en laquelle, à pareil jour de la Pentecôte, Compiègne avait vu le roi Philippe–Auguste conférer à son fils, depuis le roi Louis VIII, l'ordre de la chevalerie, les affaires du royaume, le caractère sérieux de ce monarque et surtout celui de la reine Blanche de Castille, puis les embarras et les difficultés de la régence survenus à la suite de la mort prématurée du roi, n'avaient

pas permis de songer à convoquer l'élite de la nation à
ces fêtes si désirées.

Un motif politique vint se joindre aux aspirations natu-
relles d'une cour jeune, adolescente : les chroniqueurs
du temps s'accordent à dire, et tout porte à les croire,
malgré l'opinion contraire émise depuis peu par M. de Sis-
mondi, que saint Louis avait promis à l'empereur d'Allemagne Frédéric II de se rendre aux fêtes de la Saint-Jean
prochaine à Vauxcouleurs pour assister à une assemblée
princière, à l'effet de terminer certains différens; mais
que, touché des inquiétudes que lui témoignèrent quelques
uns de ses fidèles conseillers sur le peu de sécurité d'une
semblable entrevue, si près de la frontière, avec un prince
dont on se défiait, il se prépara, par une large invitation
faite à la noblesse, l'occasion d'annoncer à l'empereur son
arrivée en compagnie de deux mille chevaliers. Il arriva
que Frédéric II, à cette nouvelle, s'empressa de prévenir
le roi de France que se sentant malade, il le priait d'a-
journer sa visite. Depuis lors, il ne fut plus question de
cette entrevue. Saint Louis n'avait point failli à sa pro-
messe ; peut-être avait-il échappé heureusement à une em-
buche. Il eût été assurément favorable aux intérêts de l'empereur d'Occident de tenir en ôtage un prince sur lequel le
pape Grégoire IX s'appuyait pour lui tenir tête.

Les historiens s'accordent à fixer à Compiègne le lieu
choisi par saint Louis pour cette cérémonie. Favyn seul,
au Théâtre d'honneur et de chevalerie, évidemment par erreur, parle de Corbeil ; il rapporte du reste avec exacti-
tude qu'en investissant son frère de l'ordre de la Cosse de

gênêt, en le ceignant de la ceinture d'or de chevalier (1),
ce roi, l'exemple et le miroir des bons princes, lui donna,
outre l'apanage d'Artois, 20 livres parisis à despendre
chaque jour, à dater de sa réception (*à die militiæ*).

L'année et le mois sont fixés par le présent compte de dépenses ; il faut ajoûter que les lettres par lesquelles saint Louis, confirmant les dispositions testamentaires deson père, déclare investir son frère Robert du comté d'Artois, portent la date du 7 juin 1237. Le compte porte le mot *in Pentecosten*, le texte de la chronique d'Albéric, abbé de Trois-Fontaines, témoin invité, porte *in octavis Pentecostes*. Le doute sur ce point subsistera donc jusqu'à la découverte possible d'un troisième texte revêtu de caractères aussi sérieux que les deux précédents. La chronique de Nangis relate cet événement sous la date de l'an 1238, mais il y a ici confusion. Une fête chevaleresque, un tournoi furent effectivement donnés à Compiègne au mois de février 1238, au lieu même où l'année précédente avait été tenue la cour plenière. Une grande partie des seigneurs qui avaient assisté à la première solennité, se rendit sans doute à cette nouvelle assem-

(1) Le nombre des chevaliers de l'ordre de la Cosse de genêt dépendait entièrement du bon plaisir du Roi qui en était grand maître. St.-Louis avait fondé cette distinction en l'an 1234. La devise était : *Exaltat humiles*. Le collier porté par les chevaliers formait une chaîne composée de plaques en lozange, avec une fleur de lys émaillée alternant avec une fleur ou cosse de genêt. Cet ordre subsista jusqu'au règne de Charles V. Le costume de cérémonie était brillant ; il consistait en une cotte de damas violet, et en un chaperon de même couleur.

blée dont il reste un témoignage dans un manuscrit du xvi^e
siècle intitulé :

> Chy sont les Roys, Dux, Contes et Viscontes,
> Baneretz et les Chevaliers qui furent au grand tournoy
> à Compiegne, l'an de Nre Sr. mille deux cens trente huict au
> mois de febvrier.

Suivent les blasons avec émaux de 337 chevaliers,
rois, princes et seigneurs, ornés des timbres de l'époque
à laquelle ces dessins furent faits sans doute pour servir
de renseignements ou types, à l'occasion des fêtes des
rois de l'Epinette. Ce manuscrit, conservé à la bibliothèque de Valenciennes, comprend parmi les tenans du
tournoi de 1238, le roi saint Loüis; Henri III, roi d'Angleterre; Alphonse IX, roi de Léon et de Castille; Pierre
Ier, roi d'Arragon; Alexandre III, roi d'Ecosse; et Frédéric II, empereur, dont aucun certainement ne figura à
cette fête commémorative; mais leurs blasons, devises et
costumes furent portés en leur honneur, suivant l'usage,
par quelques chevaliers. Cette sorte de travestissement
apparaît d'autant plus ici que certains chevaliers picards
ou flamands y figurent comme Poitevins ou Escochois,
Berruyers ou Lorainois, Toulousois ou Anglois, etc. Ces
pages curieuses au point de vue des usages du temps, n'ont
donc point d'autorité quant à la date de l'événement réel. Je
ne considère pas non plus comme probantes les rimes de
Guillaume Ginart, historien de saint Louis, lequel dit :

> L'an mil deus cens et trente quatre
> . . . .
> Espousa li rois Marguerite

> La fille au comte de Prouvence
> L'an d'aprés , selont la sentence
> Que mes cuers loe que je tiegne
> Fist-il chevalier à Compiegne.
> On donna plusieurs pennes veres.
> Robert l'ainz-né de ses trois frères
> La comté d'Artois li quita ,
> Et puis en ce se delita ,
> Qu'il li fist prendre aprez le ban
> Maheut fille au Duc de Breban
> Con tint à courtoise et à sage....

Plusieurs historiens ont copié la date de 1238 , sur la foi de la chronique contemporaine de Nangis ; il est inutile de les nommer.

Dans l'ouvrage intitulé l'*Art de vérifier les dates,* on lit , page 639 : que Robert fut fait chevalier en 1236 , à Compiègne.

Ces diverses versions doivent faire place à la preuve fournie en tête du monument financier que je publie.

Les cérémonies religieuses du mariage , puis celles de la chevalerie eurent lieu sans conteste à l'église de St.-Corneille, autrefois chapitre de chanoines, fondé et richement doté par l'empereur Charles-le-Chauve , affilié depuis lors à l'ordre de St.-Benoit. Le roi Philippe-Auguste avait, en l'an 1183, sous le pontificat du pape Lucius III, par une charte sous le titre de *impositione monachumet-libertate nostrà* dont la copie existe insérée au cartulaire de cette abbaye conservé actuellement à la bibliothèque de la ville de Compiègne, confirmé la donation faite précédemment par le roi son père Louis VII, dit le Jeune , aux religieux de St.-Corneille , d'une place située à proximité du monastère , en laquelle d'ordinaire se tenaient les assemblées et qu'on nommait encore la Cour du Roi (1).

Les libéralités des rois s'étaient successivement étendues sur certaines parties des dépendances territoriales du domaine , mais les terrains placés au bord de l'Oise présentant immédiatement au-dessus de l'emplacement encore visible du vieux pont de Compiègne une plaine doucement inclinée vers la rivière, avaient été soigneusement réservés. C'était un magnifique emplacement pour les joûtes et les spectacles au grand air livrés à l'avide curiosité du peuple étagé sur la rive opposée, et de la cour placée aux fenêtres du palais de Beauregard. Sur des échafauds dressés sur les côtés , se tenaient les nobles invités et leurs familles. Le clergé n'y prenait point place ; en effet, Albéric, abbé de Trois-Fontaines , en racontant les plaisirs offerts aux spectateurs par les menestreulx qui y firent plusieurs choses , ajoute en manière de blâme , *en spectacle frivole (in spectaculo vanitatis).*

On trouvera dans les notes d'autres détails sur les amusements des deux dernières journées. La première, soit le jour de la Pentecôte, soit celui de son octave, fut réservée exclusivement aux cérémonies religieuses

(1) ...... *Plateam quoque que est juxta monasterium vestrum in qua Regia solebat esse aula. Et adhuc curia Regis vocatur. Quam illustris memorie Ludovicus quondam Francorum Rex consilio et prece baronum suorum, annuente matre sua Regina vestro monasterio dedit. Et scripti sui munimine roboravit... Datum* VII *aprilis...* M° C° LXXXIII.° *anno* II *pontificatus vero domini Lucii.*

d'abord du mariage de Robert d'Artois , puis de la réception des nouveaux chevaliers (2).

---

(2) Bien que la chevalerie ne fût conférée qu'aux adeptes (*novi milites*)
ayant atteint vingt-et-un ans, le roi pouvait exempter ses fils et ses frères de
la condition d'âge. Il attendit pour son frère Robert l'époque fixée pour tous.

Texte latin.

—

(Summa) panis pro lxx milibus panum per Nicholaum Eroudc
  xiiiᵛᵛxvii l. x s.
(Summa) panum (1) Regis pro xxiii ᶜ· xiii l. iiii s. vi d.
Pro flatonibus (2), xxxv s.
Pro vecturâ et aliâ expensâ, xlv s.
Pro vadiis panetarii (3), lxvi s.
Paùperes per elemosinam (4), xl s.
Panetarius l s. pro barillis et salle et aliis, xl s.
Summa vini per Nicholaum Eroude (5), xiiiᵛᵛvi l. ix s.

(1) Le pain du Roi (*panis frumentarius*) composé de farine de froment pur, était aussi désigné sous le nom de pain de la cour (*panis
aulæ*). Le prix en est évalué, on le voit, d'après le nombre. Ces pains
étaient réservés à la maison royale, aux seigneurs invités et à leurs familles, au clergé et aux personnes que le roi voulait honorer. Des pan-
netiers, serviteurs engagés pour les deux jours de la fête, vêtus de robes
blasonnées, étaient chargés de la distribution. Aux échansons également
retenus pour cette époque, et portant une livrée analogue, appartenait de
distribuer les rafraichissements, tant aux tables que sur les échafauds ornés.
Quant aux bourgeois et au peuple ils assistaient aux fêtes sur des gradins dis-
posés à cet effet. Ils recevaient leur part dans la distribution d'un pain qu'on
trouve porté au compte d'après un poids total. Celui-là, fait de farine de
froment mélangé de seigle (*panis secundarius*), se nommait aussi *panis
gradilis* (pain des gradins). Les échansons circulant dans les rangs, ver-
saient l'hydromel et la cervoise, car le vin était réservé à la première classe.

(2) Les *flans* sont une patisserie aplatie, très connue en Picardie, composée généralement de fruits étalés sur un fond de pâte. Le peu d'élévation
du chiffre de la dépense indique qu'on n'en fut pas prodigue ; on se borna
ans doute à les offrir aux spectateurs privilégiés. Le mot *flan* est appliqué,
par analogie de forme, au disque aplati du métal destiné à passer sous le
balancier dans la fabrication de la monnaie.

(3) La juridiction du panetier du roi, autrement dite du grand panetier de France, s'étendait sur tous les boulangers de Paris et de la ban-
lieue ; il avait, cela s'entend, la charge de pourvoir à l'approvisionnement

Traduction française.

—

Somme des pains pour 70 mille pains par Nicolas Eroude.	297 l.	10 s.	» d.
Somme des pains du Roi(1), pour 2300. .	23	4	6
Pour les flans (2)	»	35	»
Pour le transport et autre dépense . . .	»	45	»
Pour gages du panetier (3).	»	66	»
Les pauvres pour l'aumône (4). . . .	»	40	»
Le panetier. 50 s. pour barils, sel et autres.	»	40	»
Somme du vin par Nicolas Eroude (5). .	266	9	»

du pain pour la cour, la garde du linge de table, *mappa* ou nappes *touailles* ou serviettes, dont la consommation était grande alors, les doigts suppléant aux fourchettes ; aussi était-il d'usage de *corner l'iauwe,* c'est-à-dire d'appeler à son de trompe les invités à se rendre aux piscines ou fontaines, avant et après les repas.

On lit dans le roman du Hem. — An 1278.

> *La Roïne est venue aval*
> *Si entre ès cambres, et s'atourne*
> *En petit d'eure s'en retourne :*
> *Si corné-on l'iauwe et ont lavé.....*
> *S'ala séoir, et li mangiers*
> *Vient as tables, con li aporte.....*

Hugues d'Athies, nommé grand panetier de France en l'an 1224, était pourvu de cette charge en l'an 1237.

(4) Il s'agit sans doute ici de l'aumonier du roi, le frère Chretien, dit le Pieux.

(5) Ce mot est la modification de Arrode. On trouve dans l'ouvrage du P. Anselme qu'un Eudes Arrode était pannetier du roi Philippe-Auguste. Il mourut en l'an 1217. Il était frère de Nicolas Arrode qui mourut en l'an 1252, âgé de 59 ans, ayant été constamment attaché à la maison de St.-Louis. C'est à lui que Pierre Sarrazin écrivait ses lettres sur la première croisade du roi Lous IX. Une de ses filles, Sedile, était mariée à Raoul de Pacy dont il est souvent question dans ce compte.

Summa coquine per Adam coquum (1) com (?) omnibus suis ne-
cuciariis mille, IIII^{xx}XI l. II s. VIII d.

Summa cere, LXII l. XII d.,

Summa avene. — De granerio.

Summa vadiorum (scutiferie), VII l.

Summa decimarum (2), LXXIII l. V s.

Summa camerarum (3), XXXV l.

Pro culcitris perditis, LXV s.

Summa vadiorum ospitii(4) pro duobus diebus, IIII^{xx} l. XLV s. XII d.

Summa minutarum (5), X l. XVII s. VIII d.

Summa folleie (6) facte per Radulfum clericum, XI^{xx}XVII l. XII s.

Summa mapparum et tolleiarum par Guillelmum panetiarum,
VI^{c} XXIII l. X s.

Summa panetarie, IX$^{ïc.}$ XLVIII l. XVIII d.

(1) Adam, grand queux de France, chargé de l'intendance des cuisines,
de la surveillance des queux et cuisiniers, aides, asteurs, soufleurs, saus-
siers, etc., il appartenait probablement à la famille de Beaumont, qu'on re-
trouve en possession de cet office. En l'an 1314, le grand queux de France
était Pierre de Matheni près Ham, désigné par erreur sous le nom de
Marchini. Il possédait le fief de Moligneux près Croix.

(2) Les nouveaux chevaliers étaient tenus de payer aux monastères voisins une offrande connue sous le nom de *dixme de signorie* (*decima
militaris*). Le roi Philippe-Auguste confirma en l'an 1183 les lettres de
Louis VII de l'an 1155 et 1171 qui en gratifiaient les religieuses (*sancti-
moniales*) de St.-Jean de Cuise; sans doute une part fut réservée à l'église
de St.-Corneille. St.-Louis, on le voit, paya cette dixme.

(3) Au même article sont jointes les dépenses des chambres, et celles
des coûtes perdues; ce qui indique qu'il s'agit de frais faits pour disposer
les appartements des invités. Dans le mouvement résultant d'une hospitalité
royale si largement exercée, la valetaille, on le conçoit, aura bien pu éga-
rer, voire même emporter quelques couvertures.

(4) Les gages des serviteurs ordinaires, et de ceux des deux jours sont
compris dans ce paragraphe. Les grandes charges de la maison du roi, toutes
honorifiques alors, indiquaient un service personnel peu compatible, même
dans l'origine karlienne, avec la dignité des personnages de la cour qui

Somme de la cuisine par Adam le Queux. (1)
  avec tous ses objets nécessaires . . . 1091 · 2 · 8
Somme de la cire. . . . . 62 » 12
Somme de l'avoine. — Du grenier.
Somme des gages de l'écurie. . . . . 7 » »
Somme des dixmes (2) . . • . . . 73 5 »
Somme des chambres (3) . . . . . 35 » »
Pour coutes perdues. . . . . . . » 65 »
Somme des gages de l'hôtel (4) pour deux jours 80 45 7
Sommes de menues (monnaies) (5) . . 10 17 8
Somme de la folie (6) faite par Raoul le Clerc. 237 12 »
Somme des nappes et toailles, par Guillaume,
  panetier. . . . . 623 10 »
Somme de la paneterie. . . . . . 948 » 18

étaient revêtus des titres de connétable ou maître de l'écurie, de sénéchal chargé de servir à table *dapifer* (porte-viandes), de chambrier, de bouteillier, d'échanson, de panetier, de grand queux.

(5) Bien que l'explication de ce mot puisse indiquer le mot *rerum*, choses (menus objets), comme sous entendu, il me paraît plus probable que le mot à ajouter est celui de *monetarum* (menues monnaies). Au menu peuple criant *Noël*, le prince et les siens, par manière d'amusement, et selon l'usage, jetaient force mailles, espèce de curée encore en usage aujourd'hui aux baptêmes. Un parrain, pour peu qu'il veuille faire bien les choses, a soin de tenir ses poches pleines de dragées mêlées à quelques sols ; à la sortie de l'église il se trouve toujours une foule d'enfans et de mendians prêts à se ruer sur les poignées qu'il en jette adroitement au plus épais de la cohue. Petite imitation, on le voit, des largesses du moyen-âge.

(6) Il ne faut pas confondre les *folies* avec les feuillées ou jonchées, également nommées *folleiæ*, consistant en menues branches d'arbres, joncs et fleurs, jetés à profusion dans les rues au passage des cortéges des princes, et surtout aux processions solennelles de la fête-Dieu.

Il est peu de manoirs seigneuriaux ayant eu une certaine importance, près desquels on ne connaisse quelque lieu agréablement situé ou facile à défendre, auquel on donne le nom de *folie*. Près de Compiègne, la

Summa de bouz et de boucellis barillis et stupis (1) per Tibaudum de Gravia (2), xxxvi l. xvii s.

Et pro robis familie scancionariorum, xiii l. x s.

Pro vadiis scancionariorum de duobus diebus, xlviii s.

Pauperes per elemosinam et pro vecturâ, xlviii s.

Summa scancionarie, xvi^{xx} l. xxxii s.

§. — Summa de sellis, loranis (3), scutis, halmis et aliis per
scutiferum, vi^{xx}xiiii l. iiii s. viii d.

Summa scutiferie vii^{xx} l. xxiiii s. viii d.

§. — Summa pro equis novorum militum et pro equis regis per
scutiferum mille, v ᶜ iiii^{xx} l.

Et pro sommariis comitis Attrebatensis per eosdem, xiii^{xx}xi l. v s.

Et pro expensâ eorumdem equorum, cxiiii l. ix s. iiii d.

§ Summa equorum novorum militum paguatorum, per magistrum Petrum.

Summa vadiorum militum, xviii^{xx}xv l.

Pro quodam sommario fructuarie comitis, xiiii l.

Summa ministerellorum (4) pagatorum ad Compendium per
Petrum clericum et Galterum de Allons xi^{xx} l. xii s., et pro esti

---

folie Grognet a conservé son nom. Elle |est placée au-dessus de Venette,
entre Margny et les prairies qui s'étendent jusqu'à l'Oise.

Construites d'abord avec des arbres garnis de leur écorce et munis de
quelques branches et de feuilles, plusieurs de ces salles de verdure, toutes
champêtres d'abord, devinrent plus tard des chateaux, de petites forteresses ; comme la folie de Braine, celles de Ribecourt et de Pierrefonds ;
d'autres devinrent des métairies, comme celle de Mesnil St.-Waneng près
de Ham, etc.

Au compte dont il s'agit, on voit qu'on y porta des tables et des tréteaux
pour un repas, l'un des épisodes de la fête.

(1) L'usage d'étouper le vin, de clore les bous et les bouteilles qui en
sont le diminutif, avec un bouchon d'étoupe enduite de cire, a cessé lorsque l'emploi du liège a été connu.

(2) Tibaut Chabot III, seigneur de la Grève, et de la Roche Cerviere.

(3) **Les** *lorains* étaient des courroies de cuir façonnées, ornant le poitrail et la croupe du cheval et servant à maintenir la selle. On les couvrait

Somme des hous et des bouteilles, barils et étoupes (1), par Tibaud de la Grève (2).	36	17	»
Et pour les robes de la famille des échansons	13	10	»
Pour les gages des échansons des deux jours	»	48	»
Les pauvres pour l'aumône et pour le transport.	»	48	»
Somme de l'échansonnerie	331	32	»
§ Somme des selles, lorains (3), écus, heaumes et autres pour écuyer.	134	4	8
Somme de l'écurie.	140	23	8
§ Pour les chevaux des nouveaux chevaliers et pour les chevaux du Roi, pour les écuyers	1580	»	»
Et pour les sommiers du comte d'Artois, par les mêmes.	271	5	»
Et pour la dépense des mêmes chevaux. .	114	9	4
§ Somme des chevaux des nouveaux chevaliers payée par maître Pierre.			
Somme des gages des chevaliers. . . .	375	»	»
Pour un certain sommier de la fruiterie du comte.	14	»	»

Somme des menestreux *(4)* payés à Compiègne par Pierre le clerc et Gautier de Allons, 220 liv. 12 s.

quelquefois de nœuds de velours ou d'étoffes riches, avec des boutons d'or garnis de perles, le tout entremêlé de petits écussons armoriés.

(4) Un passage de la chronique d'Albéric élucide parfaitement ce mot : *et illi qui dicuntur ministelli , in spectaculo vanitatis multa ibi fecerunt. Sicut ille qui in equo super chordam aere equitavit,*........ Ceux qu'on nomme menestreulx y firent plusieurs choses, tel celui qui monté comme à cheval sur une corde, y chevaucha en l'air.—Il m'est impossible, je l'avoue, d'admettre, jusqu'à preuve contraire, cette version de M. Valout (*Histoire des résidences royales. Compiègne*) : « tel celui qui monté sur » un palefroi noblement harnaché, marchant sur une corde tendue comme » sur un droit chemin, y exécuta diverses évolutions etc. , etc. »

vatorc (1) imperatoris pagato ad Crespiacum per Adam de Mellento (2) c s. pro trompatoribus (3) magistri januensis c s.

Summa vadiorum novorum militum pagatorum per Petrum clericum die penthecostis iii ᶜ· xxxv l. post ad Crespiacum pro Monaco de Corbolio c s.

Et pro Adam de Bello monte juvene (4) x l. pro dominâ Novi burgi (5), x l.

Summa servientum peditum, lxxv l. vi s. per Petrum Clericum.

Summa pro roba lingia (6) comitis et necessariis in sua capella et pro sedibus sericis per Adam cambellanum (7), cxiii l. xvii s. x d., et pro robis sericis novorum militum et cendato ad easdem robas et culcitris pictis per eumdem ii ᶜ· xvi l. x s. Et pro aliis robis sericis datis aliis militibus de ospitio regis et dominabus per eumdem viii ˣˣ xiii l. x s. vi d. Summa per Adam de Mellento, v ᶜ· l. lxxviii s. iiii d.

Pro duabus ceinturis auri de quibus rex habuit unam xxxiii l. xii d. minus.

(1) Le joueur d'*estive*, sorte de cornemuse, instrument fort à la mode en ce temps, était sans doute le musicien favori de l'empereur Frédéric II. Un trouvère du xiii.ᵉ siécle, dans le roman de la Poire cité par M. Arthur Dinaux, s'exprime ainsi :

> *Cil jugléaur en leur vieles*
> *Vont chantant chansons noveles,*
> *L'un saille, l'autre corne, l'autre estive,*
> *Chascuns danse, chascuns estrive*
> *De son compaignon sormonter.......*

(2) Adam de Meullent, bâtard d'Evreux, fils naturel de Roger de Meullent, premier du nom, (tige des vicomtes de ce nom), mourut en l'an 1273. Son fils fut panetier du roi Philippe-le-Bel.

(3) La suite du passage cité plus haut de la chronique d'Alberic, a trait aux joueurs de trompe : *Et sicut illi qui duos boves de scarlata vestitos equitabant cornicantes ad singula fercula quæ apponebantur in mensa.* — Tels ceux qui montés sur deux bœufs couverts d'écarlate jouaient de la trompe à chaque mêt servi sur la table (du roi).

Pour le joueur d'estive (1) de l'empereur payé à Crespi par Adam de Meullent (2), 100 s. Pour les joueurs de trompettes du maître de Gênes (3). . . . . 100 s.

Somme des gages des nouveaux chevaliers payés par Pierre le clerc au jour de la Pentecôte, 335 liv.

Puis à Crespi, pour le moine de Corbeil, 100 s.

Et pour Adam de Beaumont le juveigneur (4), 10 liv. Pour la dame de Neubourg (5), 10 liv.

Somme des sergents de pied, 75 liv. 6 s. , par Pierre Leclerc.

Somme pour la robe linge (6) du comte et les choses nécessaires dans sa chapelle, et pour les siéges de soie, par Adam le chambellan (7), 113 liv. 17 s. 10 d.

Et pour les robes de soie des nouveaux chevaliers, et le cendal pour ces robes, et les coutes pointes, par le même, 216 liv. 10 s.

Et pour les autres robes de soie données aux autres chevaliers de la maison du roi et aux dames, par le même, 173 liv. 10 s. 6 d.

Somme pour Adam de Meullent, 500 liv. 78 s. 4 d.

Pour deux ceintures d'or dont le Roi eut une, 33 liv. moins 12 d.

(4) Cet Adam de Beaumont *juveigneur*, était sans doute l'un des ancêtres de Geoffroy de Beaumont, évêque de Laon, mort l'an 1379, que le P. Anselme présume être d'une branche de la famille de Beaumont-sur-Oise.

(5) Marguerite, épouse d'Amaury de Meullent II, lequel accompagna saint Louis à son premier voyage d'outre-mer avec 15 chevaliers. Elle était fille de Robert, seigneur de Neubourg, et de Marguerite de Glocester ; elle mourut en l'année 1277.

(6) La robe-linge ou chemise était ornée de broderie aux manches et au col. Son nom indique qu'elle était en toile de lin.

(7) Adam, seigneur de Villebéon, Bérigneux, etc. , était chambellan de France. Il mourut en l'année 1238. Il portait de sinople à trois jumelles d'argent. Ses fils et ses filles portèrent le nom de chambellan et de chambellane.

2.*

Summa de pannis sericis habitis per fratrem Ribaudum et per dominum Petrum Tristandum (1) et per Guillelmum de Braia et pro roba domini Petri de Viriaco (2), VII^{xx}XIII l. XVI s.

Summa de robis datis familie ospitii regis quas Petrus clericus pagavit cum aliquibus vadiis duarum, II$^{c.}$ l. XXV s.

Post pentecosten ad Crespiacum pro valeto Doree pro Philippo harcherio per Robertum Aubrain, LX s., teste Adam de Mellento.

Summa pro folleia facta in domibus regis ad Compendium et tabulis et tretellis factis pro rege et tabulis et tretellis paratis in folleia pratorum per consergium, XXX l. IIII s.

Pro expensâ juvenis regine ad Compendium per magistrum Martinum, CXVIII s.

Summa pro buretis argenteis et bacinnis argenteis et incensario argenteo pro capella comitis, et expensa illorum qui hoc attulerunt ad festum, XIII l. II d. minus. Pro duabus justis argenteis de XXV marcis et platellis ad fructum deferendum, LXXV l. VII s.

Pro pavilionibus portandis ad Compendium et reportandis et pro tendendis et pro expensa Roberti grossi, VII l. XII s. VI d.

§. — Magister Januensis pro suo custo de festo penthecostis, XL l.

Item. Pro quodem (sic) equo mortuo in festo in servitio panetarii, C. s., teste Nicholao Eroude.

Item. Pro quodem sommario nigro empto ad lemdiacum (1) per Guillelmum de Braia pro coffris comitis XII l.

Pro uno alio liardo XIIII l.

(1) Pierre Tristan, grand chambrier de France, mérita l'honneur insigne de la sépulture à Saint-Denis; sa tombe était placée en travers de celle du roi saint Louis. *En son vivant*, dit le sire de Joinville, *il fut le plus loyal et le plus droiturier qu'il y ait connu en la maison du roi.* A la bataille de Bouvines, en un instant périlleux, il couvrit, au péril de ses jours, de son bouclier le roi Philippe-Auguste. En 1793, lors de la violation des caveaux, on brisa la pierre de sa tombe, et on dispersa ses restes.

Somme des draps de soie fournis par le frère Ribaud et par maître Pierre Tristan (1), et par Guillaume de Brai, et pour la robe de M.ᵍʳ Pierre de Viry (2), 153 liv. 16 s.

Somme des robes données aux serviteurs de la maison du Roi, que Pierre le clerc paya avec quelques gages des deux journées, 200 liv. 25 s.

Après la Pentecôte, à Crespy, pour le valet Dorée, pour Philippe harcher, par Robert Aubrain, témoin Adam de Meullent, 60 s.

Somme pour la feuillée faite dans les maisons du Roi, à Compiègne, et les tables et treteaux faits pour le Roi, et les tables et tréteaux préparés dans la feuillée des prés par le concierge, 30 liv. 4 s.

Pour la dépense de la jeune reine, à Compiègne, par maître Martin, 118 s.

Somme pour les burettes d'argent et les bassins d'argent, et un encensoir d'argent pour la chapelle du comte, et la dépense de ceux qui apportèrent ces objets à la fête, 13 liv. moins 2 d.

Pour deux justes d'argent de 25 marcs, et plateaux pour servir le fruit, 75 liv. 7 s.

Pour porter à Compiègne et rapporter les pavillons et pour les tendre, et pour la dépense de Robert le gros, 7 liv. 12 s. 6 d.

§. Le maître de Gênes pour son coût à la fête de la Pentecôte, 40 liv.

Item. Pour un certain cheval mort pendant la fête, dans le service de la paneterie, 100 s. au témoignage de Nicolas Eroude.

Item. Pour un certain sommier noir acheté au landit (3) par Guillaume de Brai pour les coffres du comte, 12 liv.

Pour un autre liart, 14 liv.

(2) **Pierre de Viry**, descendant de Florent de Viry, chevalier picard mort à la croisade de 1191, dont la tombe se voit encore dans l'église de Morienval. Il fut probablement le maître de la fauconnerie de saint Louis.

(3) Le landit (*ab indicto*). *Nundinæ sandionysienses*, la foire de Saint-Denis célèbre dès le vii.ᵉ siècle, a conservé une certaine importance.

Pro uno alio sorio, xviii l. Pro alio qui fuit Simonis parvi, xiiii l..

Pro alio qui fuit magistri Martini, xii l.

Summa sommariorum, lxx l.

Item. Pro aliis equis emptis per eumdem Guillelmum ad lemdiacum.

Pro uno palefrido empto pro Johanne clerico, ix l., et pro uno nigro et alio liardo (1) ad quadriguam comitis, xxvi. l.

Pro duobus aliis similiter ad quadriguam, xvii l.

Summa, lii l.

Item. Pro bannis (2) ad quadriguam et saccis xxiiii s. Pro sella Johannis clerici xx s. Pro frenis (et) strepis ad Johannem clericum et per Guidonem Langevin et defectum denariorum (3) xviii s. Pro harnesio equorum et quadriguarum comitis ix l. viii s. iiij d.

Summa, xii l. x s. iiii d.

Item. Pro uno fermallo aureo (4) quem comes habuit die sue militie ad suum collum xii s. Pro uno capello aureo de ix unciis et v estellingis xxi l. viii s. per Guillelmum de Braia.

Pro uno alio de vii unciis et ix stellingis xvii l. iii s.

Pro duobus cifis torchatis (5) et uno plano de quibus uxor comitis habuit unum xviii l. x s.

Pro una ceintura aurea de dimidia marca et xiii d. et obolo quam comitissa sancti Pauli (6) habuit xi l. v. s.

(1) Cheval gris pommelé.

(2) Toiles dont étaient couverts les chariots, ce qui, avec des sacs fourrés de courte paille ou balles d'avoine, constituait le luxe des voitures du xiii.ᵉ siècle.

(3) Les espèces rognées étaient en si grand nombre, qu'il fallait nécessairement dans un compte faire la part de la perte qui en résultait.

(4) Le fermail était une sorte de boucle servant à attacher le manteau. Les fermaulx ou fremaulx sont restés en usage comme termes de blason.

Pour un autre saur , 18 liv.

Pour un autre ayant appartenu à Simon le Petit, 14 liv.

Pour un autre provenant de maître Martin , 12 liv.

Total des sommiers, 70 liv.

Item. Pour les autres chevaux achetés par le même Guillaume, au landit.

Pour un palefroy acheté pour Jean le clerc, 9 liv. et pour un noir et un autre liart (1) pour le char du comte, 26 liv.

Pour deux autres également pour le char, 17 liv.

Total, 52 liv.

Item. Pour les bannes (2) pour le char et les sacs, 24 s.

Pour la selle de Jean le clerc, 20 s.

Pour freins (et) étriers pour Jean le clerc et Gui Langevin, et perte sur la monnaie (3), 18 s.

Pour le harnois des chevaux et chars du comte , 9 liv. 8 s. 4 d.

Somme , 12 liv. 10 s. 4 d.

Item. Pour un fermail d'or (4) que le comte eut au jour de sa chevalerie, à son cou , 12 s.

Pour un chapeau d'or de 9 onces et 5 estellins , 21 liv. 8 s. par Guillaume de Brai.

Pour un autre de 7 onces et 9 estellins, 17 liv. 3 s.

Pour deux poçonnets en torsade (5) et un autre uni, dont l'épouse du comte eut l'un, 18 liv. 10 s.

Pour une ceinture d'or d'un demi-marc et 13 deniers et obole que porta la comtesse de St.-Pol (6), 11 liv. 5 s.

(5) Ces poçonnets godronés, ou à pied en forme de torche, c'est-à-dire composé de fils à l'état de torsion, sont mis en opposition avec d'autres à pied uni (*plano*).

(6) Agnès de Dunzy, comtesse de Nevers, qui avait en 1217 épousé Philippe de France, frère aîné du roi saint Louis, jeune enfant qui mourut l'année suivante. Elle se maria ensuite avec Guy I de Châtillon, comte de Saint-Pol.

Pro uno fornamento argenteo super corium album per dominam Matildam (1) x s.

Pro tribus emeraudis de quibus comitissa Blesensis (2) habuit unam et uxor domini Ingerrandi (3) unam xl l.

Item pro una ceintura aurea xii l. Pro aliis duobus cifis argenteis xi l. xiiii s.

Hec omnia habita fuerunt per Guillelmum de Braia et suum clericum.

Summa vi^{xx}xiii l. ii s.

Pro expensa eorum qui fuerunt cum eo et pro Bernardo clerico cv s. ix d. Pro supertunicali perdito xx s.

Summa totius xiii^{xx}xiii l. xviii s. i d.

Post apud parcum pro familia uxoris Johannis Frogeri pro duabus ceinturis de auratis de duabus marcis et una uncia vi l. xv s.

Pro v fermalliis aureis de tribus fertonnis (4) et x s. Pro valetis qui hoc attulerunt xiii l. xviii s.

Pro duabus ceinturis de auratis de Johanne Goudriche de xv unciis vi l.

Pro radiato empto ad sedes comitis xxxv s.

§ Pro vassalamentis coquine comitis emptis ad lemdiacum per Adam coqum, xx l. Pro mappis pittallis (5) morturiolis et aliis cxii s. vi d.

---

(1) Matilde ou Mahaut, comtesse de Boulogne et de Dammartin, veuve de Philippe-le-Hurepel, comte de Clermont-en-Beauvaisis, fils de Philippe-Auguste. Elle avait épousé en secondes noces Alphonse, depuis roi de Portugal, qui la répudia. Elle mourut en 1262.

(2) Marie d'Avesnes, comtesse de Blois, dame de Guise, etc., épouse du comte Hugue de Châtillon, lequel mourut à la veille d'accompagner saint Louis à la première croisade.

(3) Il s'agit de la femme d'Enguerrand III de Coucy, fille de Simon de

Pour un forneman d'argent sur cuir blanc pour dame Matilde (1), 10 s.

Pour trois émeraudes dont la comtesse de Blois (2) eut une, et l'épouse du seigneur Enguerrand une autre (3), 40 liv.

Item, Pour une ceinture d'or, 12 liv.

Pour deux autres poçonnets d'argent, 11 liv. 14 s.

Toutes ces choses furent livrées par Guillaume de Bray et son clerc.

Somme , 133 liv. 2 s.

Pour la dépense de ceux qui furent avec lui , et pour Bernard le clerc , 105 s. 9 d.

Pour un surtout perdu, 20 s.

Somme du tout, 273 liv. 18 s. 1 d.

Puis : au parc , pour la famille de l'épouse de Jean Froger, pour deux ceintures dorées de deux marcs et une once, 6 liv. 15 s.

Pour cinq fermaux d'or de trois fertons (4) et 10 s. Pour les valets qui les apportèrent, 13 liv. 18 s.

Pour deux ceintures dorées de Jean Goudriche, de 15 onces, 6 liv.

Pour un rayé acheté pour les siéges du comte , 35 s.

§. Pour la vaisselle de la cuisine du comte achetée au landit, par Adam le Queux, 20 liv.

Pour les nappes, pestails (5), mortiers et autres, 112 s. 6 d.

Montmirail. Un nom patronimique spécial était attaché à la plupart des grandes familles ; ainsi celui d'Eustache pour les Neuville, de Mathieu pour les Montmorenci, d'Eudes pour les seigneurs de Ham, d'Enguerrand pour les Coucy, etc. Cette dame mourut en 1272, et reçut la sépulture dans l'abbaye de Longpont.

(4) Le *ferton* , mot consacré dans la langue anglaise par celui de farthing, était le quart du marc.

(5) Le *pestal* ou *pestail* est un pilon dont l'extrémité est en forme de boule exactement ronde.

§ Pro coffris et ciffariis (1) x l. ix s. Pro capà Johannis clerici et stabulis (2) ad scribendum xlix s. viii d.

Pro duabus paraturis ad albas et fanons (3) et poingniaus (4), viii l. v s.

§ Pro xv pariis robarum escalate pro novis militibus per Petrum Sarracenum (5) Roba lxxvi s. Et pro xx coopertoriis (6) coopertorio lxv s.

      Summa xi^{xx}xiiii l.

§ Pro iij^{or} pennis erminarum et iiij^{or} collis de sabellinnis pro domino Petro de Curtiniaco (7), Guichardo de bello joco (8), et duobus fratribus Monte Morenciaco (9) xl l. Pro aliis sexdecim pennis erminarum et xvi collis genestarum ad alios novos milites vii^{xx}iiii l.

Pro forraturâ coopertoriorum ad eosdem. Coopertorio, vi l. x s.

      Summa vi^{xx}l. x s.

Item pro xlv pennis grossi varii ad eadem coopertoria. Et xlv collis geneste. Coopertorio et collo vi l. x s. Summa, vii^{xx}vi l. v s.

(1) Paniers à poçonnets.

(2) Tables à écrire, littéralement, établis, mot qui indique une table étroite, réservé pour les établis de menuisier, de tailleur, etc.

(3) Le fanon ou manipule figurait l'essuie-main. Le prêtre le porte aujourd'hui pendu au bras gauche. Le fornemant ou la garniture variait ; c'était ordinairement une broderie.

(4) Ornements des manchettes de l'aube ; on les nommait aussi *puignots*.

(5) Jean-Pierre Sarrasin, chambellan de saint Louis, accompagna ce prince à la première croisade. Ce fut lui qui adressa le récit de ce qu'il avait vu à Nicolas Arrode dont il a été question en ce titre. Sa lettre, qui roule entièrement sur la bataille de Mansourah et sur la prise de Damiette, porte l'empreinte de la foi vive et de l'enthousiasme de l'écrivain. Il possédait une maison considérable à Paris dans la rue qui prit son nom par ce motif. Cette rue servait de foire annuelle aux chevaux. Sauval cite ces deux vers :

> *La rue Pierre-Sarrasin*
> *Où l'on essaye maint roncin*
> *Chascun an.....*

§. Pour coffres et paniers à poçonnets (1), 10 liv. 9 s.

Pour la cape de Jean le clerc et les établis à écrire (1), 49 s. 8 d.

Pour deux parements à aubes, et fanons (3) et puignots (4), 8 liv. 5 s.

§. Pour 15 paires de robes d'écarlate pour les nouveaux chevaliers, par Pierre Sarrasin (5); la robe, 76 s., et pour 20 couvertoirs (6), le couvertoir, 65 s. Somme, 234 liv. 14 s.

§. Pour quatre pans d'hermine et quatre cols de zibeline pour monseigneur Pierre de Courtenai (7), Guichard de Beaujeu (8), et les deux frères de Montmorenci (9), 40 liv.

Pour seize autres pans d'hermine et seize cols de genettes pour les autres nouveaux chevaliers, 144 liv.

Pour la fourrure des couvertoirs pour les mêmes, le couvertoir, 6 liv. 10 s. — Somme 120 liv. 10 s.

Item. Pour 45 pans de gros vair pour les mêmes couvertoirs et 45 cols de genette. — Le couvertoir et le col, 6 liv. 10 s. Somme, 126 liv. 5 s.

(6) Les couvertoirs servaient à parer les lits des chevaliers. Les draps d'or, d'argent, d'écarlate, la soie, les fourrures précieuses entraient dans leur confection.

(7) Pierre I.er de Courtenai, seigneur de Champignelles, de Château-Renard, etc., fit hommage au roi saint Louis de la seigneurie de Conches, en juin 1238. Il suivit ce prince en terre sainte, et mourut glorieusement à la bataille de Mansourah, le 8 février 1248. Il avait épousé Péronnelle de Joigny, dame de Château-Renard.

(8) Guichard de Beaujeu, second fils de Guichard III, et de Sybile de Haynaut, seigneur de Montpensier. Il mourut en 1256. Il avait épousé Catherine, dauphine d'Auvergne.

(9) Rien n'indique quels étaient, des trois fils de Mathieu II de Montmorency, dit le Grand, les deux chevaliers qui reçurent le don du roi. On nommait l'aîné Bouchard, puis venaient Mathieu d'Attichy, et Jean de Montmorency, seigneur de Roissy.

Summa robarum novorum militum per Petrum Sarracenum et Radulfum de Paciaco (1) vi ᶜ iiii^xx xiiii l. v s.

§ Robe Regis in penthecousten per P. Saracenum vii l. ii s. minus.

Per Radulfum de Paciaco penna erminarum et sebeline ad mantellum de sametio vermellio. Et ad capam de sametio vermellio et forratura de minuto vario ad supertunicale et ad robam escalate violete.

Summa xliiii l. ii s. minus.

Summa pro corpore Regis, l l. xvi s.

§ Robe juvenis regine (2) pro stanna forti (3) per P. Sarracenum lxxii s.

Per Radulfum de Paciaco ermine et sebeline ad mantellum et supertunicale et minutum varium ad pellitium. Summa xxiii l. x s.

Summa pro juvene regina , xxvii l. ii s.

§ Robe comitis Attrebatensis escalate violete, saia violetta et escalata vermellia duo coopertoria per P. Sarracenum lxiii l. iii s.

Et per Radulfum de Paciaco minutum varium et grossum varium et ermine per eumdem viii^xx l. cxi s.

Summa pro comite xi^xx viii l. xiiii s.

§ Robe pro pueris (4) de stanne forte ad domicellas. Esca-

(1) Raoul de Pacy, souvent cité, dont il a été question dans ces notes comme mari de la fille de Nicolas Arrode ou Erroude. Le nom de cette famille est cité par Sauval à l'occasion d'actes du syndicat de la marchandise du xiii.ᵉ et du xivᵉ siècle.

(2) Marguerite de Provence, épouse du roi saint Louis, est désignée sous ce nom.

(3) Du mot radical *staman (lana carminata)*, estam, étoffe de laine, sont dérivées plusieurs variétés. L'expression latine a changé successivement et a produit *stannum, stannis, stanita. Stannis fortis* est l'estam fort; *staminea* est comme *stamen minutum*, estam léger, l'estamine. Au mot *stanfortis*, notre vénéré maître Du Cange en attribue l'ori-

Somme des robes des nouveaux chevaliers, par Pierre Sarrasin et Raoul de Paci (1), 694 liv. 5 s.

§. Robes du roi à la Pentecôte, par Pierre Sarrasin, 7 liv. moins 2 s.

Par Raoul de Paci, pans d'hermine et de zibeline pour le manteau de samis vermeil. Et pour la cape de samis vermeil et la fourrure de menu vair pour le surtout et pour la robe d'écarlate violette. Somme, 44 liv. moins 2 s.

Somme pour le corps du roi, 50 liv. 16 s.

§. Robes de la jeune reine (2) pour le stanfort (3), par Pierre Sarrasin, 72 s.

Par Raoul de Paci, hermines et zibelines pour le manteau et le surtout, et menu vair pour le pelisson. Somme, 23 liv. 10 s.

Somme pour la jeune reine, 27 liv. 2 s.

§. Robes du comte d'Artois d'écarlate violette, soie violette et écarlate vermeille. Deux couvertoirs, par Pierre Sarrasin, 43 liv. 3 s.

Et par Raoul de Paci, menu vair et gros vair et hermines par le même, 160 liv. III s.

Somme pour le comte, 228 liv. 14 s.

§. Robes pour les enfants (4), de stanfort pour les demoi-

gine au nom du bourg d'Angleterre Stanford, où l'on tissait cette étoffe. Une telle autorité me permet-elle de maintenir l'explication qui précède ?

(4) Sont compris sous cette description, les princes et les princesses de la famille royale) Alphonse, comte de Poitiers et de Toulouse; né en 1220, accordé déjà à Jeanne, fille de Raymond VIII, comte de Toulouse ; Charles, comte d'Anjou, né en mars de l'an 1220, qui fut depuis roi de Naples ; Isabelle, née en 1224, morte religieuse à l'abbaye de Longchamp, en l'an 1269, tous frères et sœur de saint Louis.

On peut y ajouter Jeanne de Boulogne, comtesse de Clermont, fille de Philippe-le-Hurepel, laquelle était fille de Philippe-Auguste et d'Agnès de Méranie.

lata radiata ad dominum Carolum (1) per P. Sarracenum, xiii l. v s. vi d.

Per Radulfum de Paciaco ermine ad uxorem comitis Attrebatensis et ad domicellam Tholosanam (2) et minutum varium et grossum ad coopertoria lxxi l. x s.

Summa pro pueris iiii^{xx}iiii l. xv s. vi d.

§ Robe date escalate di ate ad comitem Tholosanum (3) per P. Sarracenum xiii l. iiii s.

Per Radulfum de Paciaco ermine et minutum varium ad dominum Adam de Bello monte et ad dominam Belli joci (4) et ad dominam de Rameru (5) et minutum varium ad Thibaldum de Pissiaco lxiii l.

Summa robarum datarum lxxvi l. iiii s.

Summa omnium istarum robarum, xi ^clxi l. xvi s. vi d.

§. Pro vi saubuis (6) per Johannem Goudriche, viii l. x s.

Pro capellis de pavone (7) et ourillieris ad sedendum supersaubuas, xi l. xiiii s.

Pro aliis minutis per scutiferos, vii l. Pro cendatis per Odonem de Cormallio de Johanne Goudriche, x l. xix s. Et pro uno cameloto, l s. Pro laqueis et estachiis aureis et sine auro et aliis minutis, cxi s. vi d.

Item. Pro soumario in capellâ comitis, xvi l. Teste Poinceto.

(1) Charles, comte d'Anjou, frère de saint Louis.
(2) Voir la note concernant Alphonse, comte de Poitiers.
(3) Voir la même note.
(4) Marguerite de Baugé, dame de Mirebel, épouse de Humbert V, sire de Beaujeu, connétable de France,
(5) Il existait à cette époque deux dames de Rameru savoir: Helisende, comtesse de Perche, femme de Erard de Brienne, seigneur de Rameru, chevalier; et Marguerite de Chalon, fille de Jean 1.er, comte de Chalon et de Mahaut de Bourgogne, épouse de Henry de Brienne, seigneur de Rameru, chevalier, qui accompagna St.-Louis à sa première croisade. Il est présumable que c'est cette dernière dame qui dut figurer à la cour en 1237.

selles, écarlate rayée pour monseigneur Charles (1), par Pierre Sarrasin, 13 liv. 5 s. 6 d.

Par Raoul de Paci, hermines pour l'épouse du comte d'Artois, et pour mademoiselle de Toulouse (2), et menu et gros vair pour les couvertoirs, 71 liv. 10 s.

Somme pour les enfants, 84 liv. 15 s. 6 d.

§. Robes données d'écarlate rayée pour le comte de Toulouse (3), par Pierre Sarrasin, 13. liv. 4 s.

Par Raoul de Paci, hermines et menu vair pour Monseigneur Adam de Beaumont et pour madame de Beaujeu (4) et madame de Rameru (5) et menu vair pour Thibaut de Pissi, 63 liv.

Somme des robes données, 76 liv. 4 s.

Somme de toutes ces robes, 1161 liv. 16 s. 6 d.

§. Pour six saubues (6), par Jean Goudriche, 8 liv. 10 s.

Pour chapeaux de paon (7) et coussins pour s'asseoir sur les saubues, 11 liv. 14 s.

Pour autres menus objets, par les écuyers, 7 liv.

Pour les cendaux, par Eudes de Cormeilles, de Jean Goudriche, 10 liv. 19 s.

Et pour un camelot, 50 s.

Pour lacets et estaques d'or et sans or et autres menus objets, 111 s. 6 d.

Item. Pour un sommier dans la chapelle du comte, témoin Poincet, 16 liv.

(6) Les saubues étaient de petites litières pour dames qu'on assujettissait sur une espèce de bât porté par un cheval.

(7) On voit dans la collection Gaignières divers personnages du temps coiffés de chapeaux de paon ; autour d'une coiffe ronde, sur un rebord large, des plumes de paon disposées en rayon, les unes près des autres, et d'une longueur variée, venaient s'étaler à la manière naturelle de la roue du paon.

Pro soumario in stabulo comitis x l. Teste Poinceto (1). Pro quodam roncino Radulfi de Veris qui est ad comitem vii l. Teste Poinceto. Pro roncino ad lavanderiam et sella, vi l. x s. Teste Poinceto. Pro duobus roncinis ad capellanum comitis, xx l. Teste Poinceto. Pro expensa istorum roncinorum xiii l. Per Poincetum.

§. Pro vi soumis pro comite iiii l. xvi s. Pro vi cuiretis iiii l. iiii s. Pro bougiis xvii s. Pro uno sacco, uno quarterio, una lumeria et stabulis, xviii s. Pro frenis esperonnis loris et longiis xxxii s. Pro duabus spatis, xxv s. Pro duodecim frenis de auratis oblitis ad computandum vi l.

> Summa, iiii^{xx}xii l. ii s.

> Summa, viii^m vii^c xlviii l. iiii s. iiii d.

Pro viii^{xx}xiiii marcis et dimidia argenti in scutellis et iiii^c xxvi l. xi s. vi d.

Pro drapis emptis per Johannem Goudriche, iii^c xvi l. ii s. turonensium qui (sic) valent xii^{xx}xii l. xvii s. vii d. parisiensium. Pro libris in capella comitis, xxv l.

> Summa, ix^m iiii^c lii l. xiii s. v d.

(1) On lit à l'article *Poincetus* du Glossaire de Du Cange, à la suite d'un extrait du présent compte où se trouvent rappelées les lettres *t* et *p*, placées après les chiffres résultant d'une dépense et le mot *poinceto*: *Hæc ad monetam spectare non dubium est: quæ sit tamen genuina vocis notio, non percipio. An poincetus signatum vel gravem sonat. Monetariorum enim est utraque vox.* Suit la note de Carpentier : *Vox contracte scripta et haud scio an bene lecta, quæ idem significare videtur quod vulgatum in computis, item, plus.*

Je soumets au lecteur mon appréciation du mot *t.* et *p. Poincet.* Ce serait *teste Poinceto,* et *per Poincetum.* On trouve au même acte les mots *teste Nicholao Eroude.*

Plusieurs détails de dépense devaient, en effet, être affirmés par le témoignage de quelques personnes chargées de la vérification ; tel était *Poincet.* Les lettres *t* et *p*, ne signifieraient donc pas *Turonensium* et *Parisiensium,* mais *teste Poinceto.*

Pour un sommier dans l'écurie du comte, témoin Poincet (1); 10 l.

Pour un certain roussin de Raoul de Ver, qui appartient au comte, témoin Poincet, 7°liv.

Pour un roussin pour la lavanderie et une selle, témoin Poincet, 6 liv.

Pour deux roussins pour le chapelain du comte, témoin Poincet, 20 liv.

Pour la dépense de ces roussins, 13 liv. par Poincet.

§. Pour six bats pour le comte, 4 liv. 16 s.

Pour six cuirées, 4 liv. 4 s.

Pour les besaces, 17 s.

Pour un sac, un quartier, un falot et les établis, 18 s.

Pour freins, éperons, lorrains et longes, 32 s.

Pour deux épées, 25 s.

Pour douze freins dorés, oubliés au compte, 6 liv.

Somme, 92 liv. 2 s.

Somme, 8,748 liv. 4 s. 4 d.

Pour 174 marcs et demi d'argent en écus, 426 liv. 11 s. 6 d.

Pour draps achetés par Jean Goudriche, 316 liv. 2 s. tournois qui valent 252 liv. 17 s. 7 d. parisis.

Pour les livres dans la chapelle du comte, 25 liv.

Somme, 9,452 liv. 13 s. 5 d.

Il n'est resté, que je sache, aucun détail des joûtes qui furent, comme complément, pour ainsi dire, indispensable, données à Compiègne en l'an 1237. Cette ville conserva long-temps le privilége des réunions d'Etat et assemblées politiques, et aussi des fêtes plénières, tournois et carrousels. Vers l'an 1420, en son *Histoire*

3.

héroïque de Jehan d'Avesnes, l'auteur, Jehan du Quesne, transportant par-licence poétique les aventures du valeureux chevalier à l'époque du règne de Lothaire (de l'an 954 à 986), conte avec les détails qui portent l'empreinte du xv.ᵉ siècle, comment il délivra la contrée d'un grand et horrible serpent qui se tenait en la forêt de Compiègne, puis il donne la relation du brillant pas d'armes parfait en la praierie entre la ville de Compiègne et la forêt. Jehan d'Avesnes, visière baissée, sous le nom du chevalier aux armes vermeilles, sort vainqueur de la lutte qu'il soutient vigoureusement contre les plus renommés champions des Flandres et d'Angleterre.

L'OEuvre de Jehan du Quesne. —Manuscrit, n.º 215. B.L.F. existant à la bibliothèque de l'Arsenal, contient des détails curieux qu'on lira avec intérêt, je le crois. Ils font, il faut l'avouer, songer quelque peu au héros de Cervantes.

Comment Monseigneur Jehan (d'Avesnes) se mist à chemin pour aler à la court du roy de France.

F.º XV. Le hault et bon voulloir que Jehan avoit de faire armes pour la belle dame (la comtesse d'Artois et de Ponthieu) le mena sy longuement qu'il passa par Compiengne, et en passant le pays de Vallois pour aller a Paris, il entra en une grant forest : la rencontra ung messagier qui acouroit le grant chemin moult effrae. Sy luy cria quil s'arrestast : mais le messagier dist quil nooroit, car ung grant et horrible serpent le chassoit pour devorer : le messagier neut pas fine ses parolles quant Jehan vey le

serpent aprouchier geulle baee , de la quelle yssoit grant
fumee. Sy affuta Jehan sa lance et a coite desperon alla
vers le serpent pour le recontrer quy contre luy leva les
oreilles estendy le col et rafrongna sa hure. Jehan se sai-
gna et soy confiant en Dieu fery le serpent sy durement
quil le trespercha tout oultre , et entra sa lance plus dun
grant pie en terre , dont la cruelle beste en mourant a
grant detresse debattoit ses ordes entrailles fretilloit la
queue gectoit venin , souffloit de paine , et sesprouvoit au
tressaillir cuidant eschaper : ce dont Dieu le garda :
ains luy convint espandre son sang tellement que mort
sen ensieuvy.

Comment Jehan interrogua le messagier.

Quant Jehan vey le serpent mourir il en eut grant
joye , il laissa sa lance enfichee en terre puis demanda au
messager dont il venoit ; lequel luy respondy , de Paris ,
sire , et ay charge d'aller au capitaine de Compiengne,
et par toute Picardie, que lempereur de Rome est entre
au roiaulme de France , et est ja a deux journees de Paris,
adfin que ceulx qui aiment le bien et pourfit du roy luy
viengnent secourir a son besoing. (Le chevalier vient en
hâte se ranger sous la bannière du roi , il joute en champ
mortel , contre l'empereur d'Allemagne, qui vaincu s'en-
fuit abandonnant ses armes. Jehan d'Avennes recoit l'ordre de la chevalerie. Duquesne raconte comment on fict
processions et plusieurs esbatemens pour la victoire de
Monseigneur Jehan d'Avennes, qui refuse modestement
lepee de conetable.)

Comme le roy et les haults barons de France se devisassent ensemble , il fut advise et conclud de faire ung noble tournoy pour adviser et congnoistre lez plus exercitez chevaliers en armes adfin que se aulcuns ennemis venoient pour dommagier le roiaulme , len congnoist l'affaire dez chevaliers, ou quel advis le roy s'accorda voulentiers, et dist que cestoit bon , et fu publie a son de trompe pres toutes les villes et citez de nom du roiaulme de France et deliberant que le tournoy se feroit auprez de Compiengne entre la ville et la forest en une praierie qui y est...... (s'ensuit le mandement du roy de France).

Lothaire (1) par la grace de Dieu roy de France a tous nos subjets chevaliers et aultres quelconcques de notre roiaulme, salut: scavoir faisons à tous ceulx on cestes lectres seront offertes et monstrees que pour exerciter le noble metier darmes et toujours usiter et entrenir en y celluy nostre chevalerie, nous avons conclud et ordonne de faire ung tournoy durant deux jours , et une remontee pour les vespres dudit tournoy quy se commencera le premier jour de may apres disner et durera les aultres deux jours par la manière acoutumee : lequel tournoy au plaisir de Dieu serra parfait emprez la ville de Compiengne en une praierie quy y est entre la ville et la forest.

Ou quel lieu nous nous trouverons avoecq nos dames et damoiselles quy a leur bonne discretion feront le jugement dudit tournoy. Et aux mieulx tournoiant elles donront ou feront donner un tres riche collier d'or garni de pierres. Donne soubs nostre scel roial en nostre palais a Paris,

(1) L'auteur, on le voit, s'inquiète peu des anachronismes.

le premier jour de janvier ou quel palais fu premier publie
a son de trompe ledit tournoy.

Que vous feroie le plus long conte : lez heraulx alerent
publier le tournoy et y celluy publierent tous quatre
dune livree : cest ascavoir en Picardie , Northmandie ,
Bourgongne, Bretaigne , Engleterre , Flandres , Brabant,
Norwegue et finalement en tous lieux voisins.....

Moult fu grande la renommee de cestuy tournoy en
plusieurs pays de tous chevaliers quy pour ce parfurnir
faisoient leurs apprets.....

(Au jour donné le chevalier d'Avennes, qui avait entre
temps, avec le congé du roi, pris une part glorieuse à un
pas d'armes à Bordeaux sous le nom et la devise du
chevalier blanc prinst son chemin vers Compiengne ou
ce tournoy debvoit estre et tant fist par sez journees quil
se trouva a Meaulx en Brie quy est a une journée de Compiengne en laquelle il arriva environ le xxviii.ᵉ jour
dapvril).

Puis se party dillec et secretement s'en alla tendre son
pavillon en la forest de Compiengne en ung lieu non ha-
bitte que dillec se peust partir a le celee , et aler tournoier a le celee que nulluy ne le congneust. Et tandis quil
fu en ceste forest eut mainct souvenir de sa belle , soy de-
portant parmy la forest ; le roy de France ja faisant ses
préparations pour comparoir ad ce tournoy , lesquelles
faites il se party de Paris.

*Comment le Roy se party de Paris pour aler à Com-
piengne.*

Comme doncques le premier jour de may approcast , et

le roy de France veyst seigneur et chevalier arriver a sa court de toutes pars, il sesmerveillait de son chevalier Jehan d'Avennes pour ce qu'il ne le veoit point revenir ymaginant plusieurs choses : le roy ja accompaignie du duc de Bourgongne, du duc d'Orléans, du duc de Berry, du duc de Bretaigne, du conte d'Eu, du conte de Boullongne, du conte de Saint-Pol, du conte de Fois, et de plusieurs aultres ducs, contes, seigneurs et chevaliers, il se party avoecq yceulx et plente de dames et damoiselles et environ deux jours avant le premier jour de may arriva a Compiengne. En laquelle ville il trouva plusieurs seigneurs tant de Picardie, France, Bourgongne, comme daultre part. Et mesmement y trouva les seigneurs d'Engleterre. Cest ascavoir le duc d'Yorc, le duc de Glocester, le conte de Salsebery et plusieurs aultres qui ja avoient emply toute la ville des fais que le chevalier blancq a fait en armes.

Dont comme le roy encquist aux ungs et aux aultres sils scavoient nulles nouvelles de son chevalier, len ne luy sceut riens dire affirmeement sy non que aulcuns luy dirent quil estoit venu seigneurs d'Engleterre au tournoy disans qu'il y avoit eu ung chevalier de France sur la frontière de leur pays qui illec avoit fait ung pas durant XV jours duquel il avoit eu los et bruit et de XV chevaliers victoire sans nulz excepter : lesquelles nouvelles revelees, le roy dist en soy mesmes que cetoit son chevalier, lequel nen monstra nul semblant la nuit, ces a scavoir le desrenier jour d'apvril, dont le lendemain se debvoit commenchier le tournoy. Et le roy au souper assembla sa chevalerie et comme len luy demandast quy serroient capittaines dudit tournoy, il encquist lequelz estoient plus propices ad ce et par la commune voix des ungs et des aultres. Apres ce que le roy eut oy la sentence il ordonna que le duc de Bourgongne et le duc de Bretaigne seroient les deux conducteurs de cette besongne , lesquelz assez sen excuserent, mais rien ny valu leur excusation , car il failloit quilz le fesisent puis que ils estoient estus ad ce car ils estoient ydoines pour le faire.

Aprez souper les seigneurs alerent preparer leur fait. Et au brief parler vint tant de gens celle nuit que la ville ne fut pas assez grande. Ains convint que grant partie fissent tendre leurs pavillons au dehors de la ville jouste la praerie laquelle en fu toute environnee. Entre lesquelz en y avoit deux plus noctables. Cest a scavoir le tref au duc de Bourgongne emprez la forest et y avoit mises ses armes. Et en lautre cest ascavoir du duc de Bretaigne quy estoit a lautre bout environ un quart de lieue, sur laquelle pareillement estoient les armes de Bretaigne.

Comment les deux chevetaines du tournoy assemblerent leurs gens et contient ce chapitre plusieurs fais darmes.

Quant vint lendemain matin premier jour du mois de may, que le temps estoit bel , la praierie arrousee et que le solleil commenchoit poindre et doucement espandre ses rais sur les pavillons , les eschaffaus furent tendus de draps dor sy richement que merveilles. Et devez scavoir que beau faisoit veoir les heraulx aler dun lieu a lautre, tant comme le matinee dura , le jour se advanca et a heure competente les deux chevetaines du tournoy firent sonner, chascun devant son pavillon, trompes et clarons pour as-

samblcr leurs gens. Sy vindrent du lez audit duc de Bourgongne, le duc d'Orléans, le duc de Berry, le conte de
Boullongne, le conte de St.-Pol, le conte de Fois, le
conte de Dampmartin, le conte de Grantpré, le seigneur
de Coussy, le seigneur de Momorency, et plusieurs
aultres chevaliers et escuiers de diverses contrees.

Et du coste au duc de Bretaigne, vindrent le cote
d'Arminacq, le conte de Forest, le viconte de Rohem,
le seigneur de Laval, le conte du Perce, le duc d'Yorc,
le duc de Clocester, le conte de Salsebery, le conte de
Morbery, le conte d'Ormont, et plusieurs aultres aussy.
Lesquelz ainsy assemblez dune partie et daultre ainsy as-
samblez, les chevetaines dessus dis les firent soir à table
pour disner, lesquelz diners fais et adcomplis solempnel-
lement, chascun sen ala en son pavillon monter et armer et
à mesure que ils estoient pretz venoient chascun devant la
tente de son chevetaine. Et ainsy doncques comme a trois
heures furent pretz dun coste et dautre pour commencer
le tournoy. Plus nattendoient que le roy les dames et damoiselles lesquelles furent incontinent atournees. Et le
roy, scachant ce, issy de la ville, tenant le sceptre, roial
et portant la couronne de France

Avoecq lequel vindrent les dames, lesquelles monterent
es eschaffaux chascun et chascune selon son degre. Lors
se commenca le tournoy dun coste et dautre. Et primes
lances baissees a broche desperon vindrent los deux chevetaines, commencerent la feste et tout chevalleureuse-
ment jousterent a lonneur de lun et de lautre que les
lances rompirent.

Et aprez ceulx qui debvoient tournoier commencerent

ung cry merveilleux, et tant que Monseigneur Jehan d'A-
vennes qui estoit en la forest lentendy , parquoi il pensa
bien que le tournoy estoit commencie , sy se fist hastive-
ment armer de nouvelles armes. Cest ascavoir vermeilles ;
lequel arme monta sur son destrier priant Dieu quil luy
donnast grace de bien besongnier , ad fin quil peust faire
chose qui fust plaisante a la belle comtesse d'Artois.

Et puis se party espee ou coste escu au col lance ou
puing et le heaulme affule sur lequel avoit my riche le-
vrier dor moult bien ouvre et soubtilement : sen ala les
galos jusques ad ce quil se trouva hors de la forest, lequel yssu , beau le faisoit voir virer saulter et abattre les
flours de la plaine.

Chascun le vey et ni ot nul de ceulx qui estoient sur les
eschaffaux quy sur luy ne feissent ung regard ou deux.
Quant le plus vaillant des hommes de ce temps cest a scavoir Monseigneur Jehan d'Avennes fu venu au lieu ou le
tournoy se faisoit, il s'apresta, lequel portoit armes vermeilles, et lorsquil vey que ceulx de Bourgongne avoient
le pire, soy pensant que sil ne se adjoustoit avoecq eulx quil
perderoit sa peine sadrecha avoecq eulx. Et ny eut guerres
este quant il perchut le duc d'Yorc lance baissee tirer
celle part ou le duc de Bourgongne estoit pour faire rang
devant soy.

Mais il ne luy laissa pas achever son emprinse ains le
ala adevanchier comme hardy et corageux , et par ung
haultain voulloir de proesse le fery tellement quil brisa
les chaingles de sa selle aussy court quun voirre et fu
porte ce duc a terre , la lance ne rompy pas il leva sa
chiere , sy choisy devant luy le duc de Clocestre quy le

venoit assaillir et de rechief couru contre luy, mais ce duc
percha lescu du chevalier vermeil lequel ne se faindy pas,
ains fist faire au duc son lit sur la plaine. Non obstant ce
il fut tantost aidie a remonter par les chevaliers au duc de
Bretaigne quy lors rentrerent en la presse et se feirent en
ung grant tropeau ou estoit le duc de Berry, le conte
d'Eu, le conte de Boullongne, le conte de St.-Pol et
aultres, mais sy tost quil les vey, il haulca le cuer le
chiere et la pensée. Et comme le renart fu milleur alle
fois sault en ung monceau de gelines sans rien craindre :
il, defaillant de lance apoingna lespee et en la bataille sy
cruelement sespandy qua son venir il espandy plus de
quatre les jambes deseur. Dont ceulx de Bretaigne et
d'Engleterre voians ce chevalier ainsy labourer mal de
lo quy ne luy fist place.

Sy eussies veu lors le gentil chevalier ruer a destre et
a senestre destoc et de taille par tell vertu que chascun
senfuioit devant luy tant quil gaigna la place pas soy
dont il fu merveilleusement regarde des dames disans
lune a lautre — Quy est ce chevalier aux armes vermeilles:
certes oncques ne vy son pareil et me donne grant merveille
quy il peust estre. Car se il nest de noble lieu descendu,
ses vertus, son maintenir, sa proeee et force de corps
lui faillent a moustrer ce quil est. Car jamais sy beau ne
fu veu ; puis disoient la plus grant partie en son cuer voire
et paisiblement en basset. En verite, sy ce chevalier nest
obedient au vray dieu damours, cest dommage. Car en
lui maint la fortune et fontaine de toutes vertus et sil
nest ame dans l'ulne noble dame voire et de la plus belle
du monde amours mesprent envers le tres resplendissant

cuer de ce chevalier auquel dieu par sa bone grace doinst bone adventure.

Des fais darmes que plusieurs chevaliers firent au dict tournoy.

Quant ce chevalier aux armes vermeilles se vey seullet esgare remanant en la plaine sans ce quil eust sy vaillant breton quy contre luy osast lever les yeulx. Il regarda entour soy et vey le comte dArminaq venant lance baisse courant comme tempeste pour envahir les Bourguignons dont il fust moult joiant. Il tourna droite droite roie contre ce conte et de lespee seullement tant subtillement laboura quil destourna la lance de ce comte quy le cuida ferir : laquelle destournee, le chevalier aux armes vermeilles sapproca de son homme lespee haulte laquelle il fist condescendre sur lescu dicelluy conte, quil le party en deux et envoia le conte tomber sur lerbage les jambes contre mont. — Et ce fait ce chevalier aux armes vermeilles quy nulle cesse ne donnoit a son noble corps il se donna garde dun troupeau de chevaliers aux cuers haultains quy sy rigoreusoment se combattoient que les pluiseurs estoient forment navrez et mal menez : il tourna celle part. — En entrant en la meslee barbe a barbe il en contra le duc de Bretaigne auquel il se coupla : fier et orguilleux estoit le duc, et pour ce quil ne povoit estre maistre du chevalier vermeil dieux scet le dueil il en eust tant et de coups aussy que malgre luy et a force le convint tomber tout estourdy emmy la plaine dillec : ala le chevalier plus outre, et comme il se trouvoit au milieu des Bre-

tons il par soudain penser a sa dame de bien faire ad fin
quelle eust bonnes nouvelles de luy commenca a marteler
sur escus et heaulmes et tant en abaty quil fict reculer
les aultres plus dune archie longs, voire et aprez ce quil
les eut esparpillies cy XX a XXX. Il ralia les Bourguignons et au plus grant bruit du monde accueillerent leurs
adversaires tellement que tous les firent coitir et muchier
en leurs pavillons. — Bretons desconfis, Bourguignons se
rassamblerent et comme le chevalier vermeil vey que la
feste et le beau deduit estoit failly. Souldainement picqua
son coursier et illec pour lamour des dames saulta iii ou
iiii sautz comme celuy quy bien le scavoit faire. Et aprez
ainsy que ung turbillon de vent court il habandona les
resnes de son cheval et samblant que a chascun pas il se
deust rompre le col par force de courre, il entra en la forest.
Et non obstant que les dames eussent toujours lueil sur
luy, il se eschappa si bien que len ne sceut quil devint
neant plus que sil fust fondu en abisme.

Comment chascun donnoit le bruit au chevalier aux
armes merveilles pour le chapitre precedent.

Par la maniere que vous avez oy finerent les vespres
dudit tournoy voire a la louenge du vaillant chevalier
aux armes vermeilles quy par deseur tous ainsy comme
raison la donnoit avoit le bruit du roy des chevaliers
dames et damoiselles et mesmement de tous ceulx qui
avoient tournoie lesquels sesmerveilloient quy il estoit.
Mais le roy doubtoit que ce fust son chevalier par les
nouvelles quil en avoit oyes dont a toutes adventures en

estoit assés joyeux. — Roi royne dames et chevaliers se
partirent apres ladcomplisment des vespres du tournoy.
Et quant vint au soir chascun mena la plus joyeuse
chiere du monde.

*Comment le roy et les dames monterent es eschaffaux la
seconde journée; et contint ce chapitre tout le fait
dudit tournoy pour ce jour.*

Au second jour de may que le rossignol jour et nuit
maine son merveilleux et melodieux jargonneis et que
les rosiers florissent les arbres advestis de feuilles donnent
umbres gracieux, matin se leverent les ungs et les aultres,
la messe chantee, ils se habillerent que mieulx mieulx et
au son de trompes et clarons sassamblerent au devant des
tentes de les chevetains.

Et ne sceurent oncqnes sitost chevaliers ne dames estre
montez sur les hours que les tournoieurs ne fuissent pretz
en sy belle compagnie comme de deux a trois mille chevaliers desquelz le plus poure estoit si richement atourne
que bien luy debvoit souffire. — Et sachies que les gens
au duc de Bourgongne passoient les aultres en cas destre
noblement atournez. — Et daultre part estoit le duc de
Bretaigne noblement accompaignie et avoit la plus grant
part de gens, mais ils nestoient point sy bien empoint
comme les Bourguignons qui grant desir avoient de commenchier.

Que vous diraie je plus dune part ne dautre: certes cestoit noble chose de veoir la chevalerie. Car le duc de
Bretaigne avoit baillie au conte d'Armignaq pour faire la

battaille contre le conte de Foix auquel pareillement le
duc de Bourgongne avoit baillie C chevaliers pour ceste
bataille. — Dont environ IX heures le conte d'Armignaq
quy debout pour le premier envahir, a tous ses chevaliers
lances baissees commenca a soy esmouveoir : sy fist le
conte de Foix, pareillement. Et ou le conte d'Armignaq
veist le conte de Foix il sadrecha vers luy de cueur de
corps et de voulente : sy le fery de toute sa puissance et
tant que se lance rompy non obstant lequel cop ne se re-
mua le conte de Foix qui a merveilles estoit fort et rade
ains fery le comte d'Armignaq sy rudement de son escu
que sa force ne lui valu riens a resister contre ce cop ain-
chois le failly widier les archons, et aler paistre lerbe. —
Lors piquerent celle part les chevaliers au conte d'Armignac et ceulx au conte de Foix lun contre lautre, qui tous
estoient renommes de proesse. Lors fu grande la meslee
et la noise des escus et des lances et grant fut labatteis des
chevaliers et au vray dire les faisoit beau veoir jouster
rangeement et tumber a grant plente de chevaliers et tant
que les chevaliers au conte d'Armignaq abatirent par terre
le conte de Foix lequel fu de ses gens par force relevé. —
Et tandis que ce se faisoit et que tous les deux cens chevaliers avoient mis main aux espees et quils sestoient
entre meslez, le chevalier aux armes vermeilles yssy de
la forest a joyeuse chiere et comme il veyst le loing que
les chevaliers au duc de Bourgongne estoient les plus
faibles et quils avoient grant paine a resourdre et remonter le conte de Foix qui gisoit a terre ; il, pour emploier
sa force comme ung quarreau darballestre se frapa ou le
tournoiement se faisoit et sur les chevaliers du conte

d'Armignaq sespandy par telle facon quil en abattit plus
de dix avant quil cessast et de fait avoit remonte le conte
de Foix et fait resortir tous les chevaliers du conte d'Armignaq quant la bataille du duc de Bretaigne arriva au
tournoy dont la bataille fort renouvella, car il ny avoit
celluy quy navoient grant ducil en soy de veoir resortir
ung cent chevaliers par la proesse dun tout seul chevalier
quy faisoit plus que merveilles.

De plusieurs fais darmes du chapitre precedent.

Moult fu felonneuse la meslee non pas en samblance de
tournoy mais en samblance de bataille mortelle. Et ne
moustroient pas quils fuissent bons amis mais ennemis
car ils sentredonnoient sy grans cops quils povoient mais:
partout ou le chevalier vermeil veoit la plus grant presse
il sy boutoit, et Dieux scet comment il abattoit tout devant
luy, reversoit hommes et chevaux, ostoit des escus cols
heaulmes des testes et espees des poings : et ung des tous
entre les aultres le chevalier vermeil rencontra le seigneur
de Laval. Sy commencerent a ferir lun sur lautre tellement que ce seigneur de Laval nen povoit plus,
quant plusieurs des Bretons sesmeurent pour estre a la
rescousse. Voiant lesquelz venir, le chevalier leur ala
a lencontre et dieux scet la belle vie qu fu entreulx et luy.
Il commenca a ferir de fresce taille mais sitost que len
en vey cheir deux ou trois mal de lhomme qui demoroit
ains sen cuidoient retourner arriere mais de la haste que
chascun avoit daller devant son compagnon ils sentre
abattoient par piteuse ordonnance. — De ceste rencontre

veoir assez nen povoient avoir parle les dames. Certes il
estoit bien en leur grace. Coi cestoit aussy le mieulx faisant mais por ce quil ne povoit pas estre partout, ses cent
chevaliers avoient beaucop a souffrir et combien quil les
raliast toujours et que pour son bien faire les aultres
preissent courage. — Toutes voies le duc de Bourgongne
et le remanant de sa chevalerie voians le tournoy advan-
chier sesmeurent et a broches desperons lances couchees
se vindrent lancier es Bretons desquelz ils abattirent a un
bruit plus de XX, et a pluiseurs percerent les escus lances
rompues et mains mises aux espees ; de plus belles se recom-
menca la meslee et y en eussies veu cy XI, là C ou iiij^{xx} par
monceaulx faisans divers assaulz chascun au mieulx quil
povoit pour conquerre honneur. — Car illec es eschaffaux pluiseurs avoient dames en amours pour ausquelles
complaire ils faisoient leurs fringes et le plus gentement
comme il povoient se portoient. Et combien que la dame
du chevalier aux armes vermeilles nestoit pas illec, toutes
voies il sesprouvoit toujours faisant la besogne mescy bien
comme elle y eu esté. — Et comme les battailles fuissent
grandes en plusieurs lieux et aprez aucuns fais darmes le
chevalier regardast ou la presse estoit plus grande , il
vey les chevaliers au duc de Bretaigne quy forment avoient
combatu le duc de Berry et ja avoient abattu pluiseurs
chevaliers et les aultres se commenchoient a resortir il y
ala courant comme vent et se bouta es bretons tellement
quil fendoit escus heaulmes et desmailloit haubers. Non
obstant quil fust assailly de plus de XI quy pour luy ne se
daignoient mouvoir et naloient avant narrière, maisp our
ce que en ung souldain soupir amours mist devant le cuer

du chevalier la beaulte de la dame quil amoit il sesvertua.
Si haulte fiert et rue de lespee de loncg et de travers et
a toutes hurtes tant courageusement quil trenca ung
brach a moitie au conte dOrmont. Il prinst le conte
d'Armignac par son heaulme et au moins le fist choir.
Puis apoigna le viconte de Rohan par ung brac et du
cheval le fist treshuchier. Et de rechief hurta d'escu
de corps de cheval pareillement contre le seigneur de
Forest si ques il abaty homme et cheval en ung mont. Que
vous diroie je plus des fais du chevalier aux armes vermeilles. Il remonta ceulx de sa partie et aprez ce quilz furent remontez a layde diceulx il rembara ceulx qui illec
estoient jusques a leurs compaingnons quy faisoient ung
aultre assaut au conte de Saint Pol et au duc d'Orleans
accompagnies d'aultre chevalerie sur lesquels ils ferirent
menu et souvent, mais quant le chevalier sen donna garde
il se bouta tout dedens et comme brebis devant le loup sy
sen fuient sen fuioient ceulx de Bretaigne devant le puis-
sant et noble chevalier aux armes vermeilles.—Et apres ce
quil ot ainsy esparpillies les bretons, il sarresta et en jet-
tant ses yeulx au lez dextre il vey une merveilleuse meslee
du conte Dampmartin et du seigneur de Labret. Or estoit
le conte Dampmartin le plus foible. Sy ala celle part le
chevalier Vermeil cuidant ferir le seigneur de Labret
mais sy tost quil perchut le chevalier il picqua en voie.
Mais regardant a senestre vey la plus grant meslee de
huimais quy se faisoit pour cuidier mettre le duc de Bourgongne au bas auprez de laquelle pareillement estoit le
conte de Boullongne. Et pour ce que celle au duc de Bourgongne estoit plus perilleuse il ala illec premierement et

4.

exploita tellement que avant quil se partist il en abatty
bien V a ruer du dos du lespee adfin quil ne blechât nul-
lui. Car sil eust aussy bien rue du trenchant il en eust
autant occis quabattu. Et quant ce veyrent les aultres
ils se saignerent et de fait luy tournerent le dos. Quant il
eut delivre le duc de Bourgongne il brocha des esperons
sy le fist saulter deux ou trois saultz pour lamour de sa
dame et sen va aidir au conte de Boullongne quy tres grant
mestier en avoit car le conte du Perche et le duc Diorc luy
livroient grant castille, mais le chevalier se boutant parmy
les dessusdis donna tel cop au duc Diorc du plat de lespee
que cheoir le fist contre le conte du Perche sy rudement
que tous deux hommes et chevaulx les convint tumber
par terre. — Ce fait il choisy le conte de Montgomery qui
grant paine mectoit a relever ses compaighons. Sy hurta
des esperons et voulsist ou non, le chevalier Vermeil luy
osta le heaulme de la teste, et ja leust abatu se neust este
quil ouy une huee que les bretons faisoient sur les Bourguignons a laquelle sans aultre chose empréndre il couru
isnellement ; et quant il perchut quil y avoit en trouble
plente de chevaliers, il apointa son espee, et comme il
deust aborder pour ce quil veoit quil luy convenoit labourer vertueusement, il s'eslecha en regardant les belles
dames des eschaffaux et comme fres et nouvel entra par
les plus drus ruant de telle volee quil en abatty plus de XVI
lun aprez lautre. Dont le seigneur de Laval qui estoit
moult doulant de veoir ainsy les bretons debouter apro-
cha le chevalier, et en le culdant ferir a toute sa puissanco
sur lescu, voiant le cop descendre, il fist son cheval des-
marchier, et par ainsy, ce seigneur de Laval failly et le

coup de son espee chey entre les oreilles de son cheval si
avant que jusques es dens le pourfendy duquel cop le cheval morut; et le seigneur de Laval chey a terre a grant
dueil. — Et atant le chevalier Vermeil voiant quil ne res-
toit mais que ung petit tropeau que tout ne fuissent retrait
ou abatu, il se tray devers eulx, comme cil quy riens ne
doubtoit, et du premier cop quil fery, il renversa son
homme, puis ala au second, au tiers et au quart, et tant
que par sa proesse il demoura victorien et convoya les
bretons jusques en leurs pavillons. — Duquel veoir ainsy
ouvrer tant joieux estoit le roy qua souhaidier, mais rien
nen disoit. Sy non quil proferoit que celuy aux armes vermeilles scavoit faire merveilles, et se le roy layoit voulentiers regarde, aussy avoient les dames, car toujours elles
avoient leuil sur luy, disant par pluiseurs fois. En verite
se ce chevalier na aulcune dame a espouse, celle serra
moult eureuse quil daignera amer....

Pour la faire bref nous laisserons toutes ees paroles oc-
cultes et dirons que le chevalier Vermeil voiant le tournoy
fine pour eeste journee, comme il avoit fait laultre jour
sen ala sy secretement que nul ne scut quil devint sy bien
convoier ne le sceurent les dames a lueil dont elles furent
moult marries et nen scavoient a qui demander quy le
vray ne sceut dire. (Le lendemain trois mai la troisième
journee du tournoi met également en évidence la valeur
de Jehan d'Avesnes; il est vainqueur des chevaliers es-
pagnols Pierre et Ferrand de Castres, du seigneur renom-
mé de La Tour en compagnie de deux hardis chevaliers
de France.)

*Le duc de Bourgongne ala aprez Monseigneur Jehan
d'Avennes quant le tournoy fu fait.*

Quant le gentil chevalier aux armes vermeilles vit que
chascun se retraioit et quil demouroit par soy en la
plaine , il rebouta son espee. Enclina sa face vers les
dames et plus isnellement que cerf ne court fist esmouvoir
son destrier vers la forest cuidant soy celer. — Mais le
duc de Bourgongne lui voullant remerir lhonneur que il
luy avoit donnee couru apréz et tant que'quant le chevalier
euida entrer en son pavillon, en regardant derriere soy il
vit le roy quy le salua et dist. — Sire chevalier je vous
remerchie tant comme je puis et scay de la grant honneur
et courtotsie que vous mavez faicte, et de la grant amour
que jay trouve en vous qui mavez toujours secouru a mon
besoing. Et sy vous prie tant comme faire le puis que
vous me venez compaignier au souper que le roy fera au
quel serront tous ceulx qui auront tournoie et se jay rien
quy vous plaise ou soit propice en aulcune manière com
grande quelle soit descy je le vous habandonne. — Vostre
mercy Monseigneur, dist le chevalier, vous me portez plus
dhonneur que je ne vaulx , mais cest du bien de vous sy
vous accorde ce de quoy vous mavez requis que je tiengs
pour commandement. Ces parolles disant, il fu desarme et
atourne de belle robe. Puis se party le duc et tira vers ses
tentes esquelles il se desarma et atourna daultres habille-
mens. — Et a chicf do picoo il nestoit pas encore mis a
point quant le roy fist crier par son herault quil prioit a
tous les chevaliers quy avoient este au tournoy quils fuissent au souper avocc luy et la royne dames et damoiselles

pour veoir donner et presenter le pris a celluy quy mieulx
lavoit gaignie. Et quy me demanderoit ou ce souper se
devoit faire respond listoire que le roy avoit fait preparer
pluiseurs grans tentes en la praierie ornees et parees de
pluiseurs richesses esquelles tentes se fist lassamble a
heure competente.

Comment le duc de Bourgongne et pluiseurs aultres sen allerent divers le Roy de France.

Sy tost que le duc de Bourgongne fust prest de tous
poins, il se party pour aler devers le roy accompaignie de
Monseigneur Jehan d'Avennes et de pluiseurs autres chevaliers, et entra en une tente ou le roy estait tenant Monseigneur Jehan par la main : la révérencee faite, le roy regarda son chevalier, sy le recongneut dont Dieu scet la
joye quil eust : il le baisa et embracha, disant, mon gentil chevalier, vous soiez bien venu : puis le tira a part et
luy demanda sil avoit point esté au tournoy, disant
qu'il avoit esté en grant merancolie dun quy portoit armes vermeilles, et quil luy sembloit que cestoit il. — Au
quel il respondy quil ne sabusoit pas et que voirement
estoit il cil aux armes vermeilles, dont jamais ne fu plus
grant joie demenee entre le roy et le chevalier. Le roy le
rebaise de rechief en redoublant sa leesse, et quant il luy
a demande des nouvelles de Bordelois, il luy donna une
riche robe de drap dor laquelle il luy fist vestir des lors et
aultres pluiseurs riches dons luy donna le roy à sa retour-
nee. — Quant vint au soir, chevaliers ungz et aultres
furent assis à table avoecq les nobles et gentes dames et
damoiselles. A ce souper fu toute ou au moins la plus part

de la chevalerie de France et Dieu scet la largesse de vins
et viandes qui furent la apportees.

Comment len envoia presenter à Monseigneur Jehan d'Avennes le pris du tournoy.

Que vous diroie : il nest homme qui sceut raconter la
tierce partie des noblesces de ce souper : si men tairay
disant que pluiseurs parlemens furent sur ceulx qui
avoient tournoye et des ungs et des aultres quy bien la-
voient fait seloncq leur puissance. — Mais chascun disoit,
comme il estoit vray que le chevalier aux armes vermeilles
estoit passe route. — Le roy envoia son herault aux ungs
et aux autres aux dames et damoiselles pour scavoir leur
opinion, mais certes il ny avoit nul ne nulle quy ne donnast
souverainement le bruit et la louenge au chevalier quy
porte avoit des armes vermeilles : dont le roy fust moult
joyeux, et pareillement le duc de Bourgongne , car il y
avoit cause pour ce que il lavoit sy vaillamment secouru.
— Et trop bien disoient aulcuns que si le chevalier aux
armes vermeilles n'eust este, le seigneur de la Tour eust
remporté le pris de la journée à layde des deux chevaliers
de France qui moult bien le firent, mais sistôt comme le
chevalier vermeil se bouta en la meslee, tout ainsy que
la nuit aweugle le jour, ses grans fais aveuglirent tous
aultres. — Ou ainsy comme le solleil oste aux estoilles leur
clarete. Sy venoient tous à telle fin que le chevalier aux
armes vermeilles lavoit gagnie dès la premlère journée.
Le souper adcomply aux esbatemens de danses alerent
dames, damoiselles et chevaliers. — Monseigneur Jehan

d'Avennes ny failly pas comme cil quy par son maintieng
rassis, chiere joyeuse, branlement bien pris, emportoit en-
cores, oultre plus le lots. Et devez scavoir qu'il ne faisoit
pas ces beaulx maintiengs illec sans penser par le inspira-
tion et amonicion damours a sa dame la plus belle des
belles. Et en dementiers qu'il dancera le mieulx du monde
avoec les dames plaines de haulte jeunesse croissans en
beauté par les dons de nature. Nous dirons que le Roy et
la Royne voians que chascun donnait le pris a celluy aux
armes vermeilles, il huca le duc de Bourgogne quy vint à
luy, et lors il declaira que celluy aux armes vermeilles
estoit Monseigneur Jehan d'Avennes dont chascun eut
grant joie, et par deux gentes damoiselles, les dames ja
aiant chascun donne sa sentence luy fu mis le collier dor
en saisine conbien quil ne la prinst pas du premier cop,
et quil ne excusast assez de fois. Sy en remercya moult le
roy et les damoiselles aussy ausquelles il donna deux ru-
bis moult beaux. — Alors se commença ung cry haultain
de pluiseurs heraulx crians *Advennes Advennes* et a brief
parler len ne pourrait homme plus prisier ne honnourer
quil fu lors.....

Jehan d'Avennes prend congé du Roy et retourne près
de la comtesse d'Artois et dePonthieu.....

**Extrait du tome XII des Mémoires de la Société des
Antiquaires de Picardie.**

Amiens. — Imp. de Duval et Herment, Place Périgord, 3.